쿠 무 다

이경순 디카시집

도서출판 실천

쿠 무 다
한국디카시학 기획시선 07

_____

초판 1쇄 인쇄 | 2023년 5월 3일
초판 1쇄 발행 | 2023년 5월 8일

지 은 이 | 이경순
펴 낸 이 | 민수현
엮 은 이 | 이어산
기 획·제 작 | 한국디카시학
발 행 처 | 도서출판 실천
등 록 번 호 | 제2021-000009호
등 록 일 자 | 2021년 3월 19일

서울사무실 | 서울특별시 종로구 율곡로 6길 36
　　　　　　02)766-4580, 010-6687-4580

편 집 실 | 경남 진주시 동부로 169번길 12 윙스타워 A동 810호
전 　　 화 | 055)763-2245, 010-3945-2245
팩　　 스 | 055)762-0124
전 자 우 편 | 0022leesk@hanmail.net
편 집·인 쇄 | 도서출판 실천
디자인실장 | 이예운　디자인팀 | 변선희, 이청아, 김승현

ISBN 979-11-92374-21-5
값 12,000원

* 이 책은 전부 또는 일부 내용을 재사용하려면 저작권자와 '도서출판 실천'의
  동의를 받아야 합니다.
* 이 책의 국립중앙도서관 출판예정도서목록(CIP)은 서지정보유통지원시스템(http://s
  eoji.nl.go.kr)과 국가자료종합목록시스템(http://www.nl.go.kr/kolisnet)에서 이용
  하실 수 있습니다.
* 잘못된 책은 교환해드립니다

쿠 무 다

이경순 디카시집

■ 시인의 말

아들이 사진을 전공하였다.
눈높이를 위해 사진을 시작했다.
전국의 연꽃 둥지를 찾아다니며 연꽃 아줌마의 애칭을
걸고 『나도 연꽃을 조금은 닮고 싶다』 『연옥의 담』을
책으로 엮었다.

삶은 열심히 살아야 한다며 번거롭게 책을 만들고
전시회를 가졌다.
사진학 석사는 실기이므로 이론에 갈증이 깊어 미학으로
예술학 박사 학위기를 받았다. 혼신을 다해 설쳐 보았다.
부끄럽기 그지없지만 흑백 사진의 불교 연꽃 사진집은
누구보다 자존감이 높다. 그리곤 덮어 두었던 시간.

살다 보면 새로운 인연을 만난다.
한국디카시 이어산 교수를 만났다.
나만의 또 다른 세상을 만난 기쁨 향기 가득한
여인으로 거듭나고 싶어 새로운 여정의 길에 들어섰다.

모두 모두 감사드립니다.

_ 이경순

■ 차례

1부 하늘정원

하늘정원 · 12
나들이 · 14
독서 · 16
안개꽃 · 18
수다 · 20
정오 · 22
대화 · 24
까마귀 · 26
길 · 28
소년 과학자 · 30
저렇게 · 32
춤 · 34
셀위댄스 · 36
조락의 계절 · 38
오수 · 40
나이테 · 42
안인리 · 44
요가 · 46
PIPA · 48

2부 응시

극락조 · 52
꽃살문 · 54
보듬이 · 56
마음 · 58
인생 · 60
삶 · 62
해탈 · 64
한마음 · 66
촉석루 · 68
두구동 소류지 · 70
응시 · 72
어쩌나 · 74
소나기 · 76
추상 · 78
만추 · 80
행복 · 82
등대 · 84
윤슬 · 86

3부 헌다獻茶

헌다獻茶 · 90
영광 · 92
한 송이 꽃 · 94
꿈 · 96
몸의 시간 · 98
생일 · 100
회상 · 102
애기불상 · 104
불의 솜씨 · 106
장안요 · 108
겨울 서사 · 110
김장 · 112
혼자서 · 114
해맞이 · 116
미명 · 118
가사袈裟 · 120

4부 기도祈禱

쿠무다 · 124
은하사 · 126
금강사 · 128
흥법사 허공맞이 · 130
대원각사 · 132
성주사 · 134
축서사 · 136
다솔사 · 138
삼광사 · 140
혜성 스님 · 142
길 없는 길 · 144
죽로지실 · 146
출입금지 · 148
기도 · 150
높은 곳 · 152
만장 · 154
디카시 해설 · 156

1부

하늘정원

하늘정원

하늘에 나무 심었다

저렇게까지 백 년

이렇게까지 백 년

나들이

청학동 달동네

돌담 골목길

은하수 반짝이는

이야기가 사는 곳

독서

책을 만나다

꿈을 만나다

향기 높이는

글 읽는 소리

안개꽃

저렇게 뜨거운 꽃이라며

한 다발씩 건네주고 싶은

수다

비 그친 오후

이야기가 앉아 대화하고 있다

정오

장자 혜자 물고기

들먹이지만

물고기는

장자 혜자를 모른다네

대화

애는 어디 살아

바다에 살지
왜 바다에서 살아

말문 막혀
바다로 간 할아버지

까마귀

소나무 떠나오고

향나무 떠나오고

지금 여기서

무엇을

기다리고 있는가

길

길을 만들며

가는 저 길

꽃이 있겠지

꿈이 있겠지

소년 과학자

한 손에 하늘 잡고

한 손에 바람 잡고

두 눈에 미래 가득

저렇게

아름다웠지

예뻤지

위험했지

춤

힘의 텐션

박자에 맞춘 근육질

몸이라는

아름다운 도구

셀위댄스

맨살 서로 당기며

바람에 맡긴 몸놀림

발바닥 구름 밟고

벌거벗은 땀방울 숨 가쁜 호흡

사랑 깊어지는 교감

조락의 계절

그가 부르는 노래

바람과

눈물과

한숨과

빛나는 청춘

오수

맛난 술 먹고
큰소리 땅땅
기죽지 않고
살고 싶은

나이테

그 무엇도

살지 않는다

대낮에 별 세며

나 혼자 그린 사계

안인리

햇살이 데워 놓은 골방
긴 아랫목

요가

몸
휘어야 한다
활처럼 저렇게
휘어져야 산다

PIPA

22년 10월 5일
부산국제영화제
뜨거운 열기 속
출항하는 날

2부

응시

극락조

열반 이르는 곳

알 수 없어서

저 꽃이

날아가고 싶은 길

꽃살문

천년을 살다

장인의 손에서 핀

천년 꿈

천년 영화

보듬이

달빛 품은 찻잔

흰 꽃길 머금은 고요

마음

빨강이 되려고

노랑이 되려고

파랑이 되려고

끊을 수 없는 실타래

인생

끝없이 올라가고

끝없이 내려오는

삶

저 길 끝에

이르는 길

접었다 폈다

아코디언처럼

펼쳐지는

해탈

명절은 물고기 장례식

제상에 앉아

고봉밥 받아먹는다

그 비린내 데리고

한평생 살았다

한마음

두 사람 시선

두 사람 꿈

촉석루

하늘 머금은 누각

논개의 가락지

논개의 울음

논개의 웃음

두구동 소류지

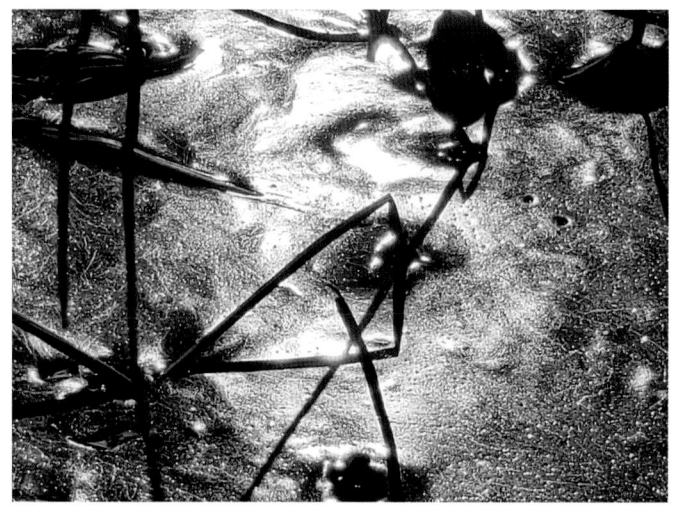

화려한 추억

상처 곳곳에서

환생 기다리는

겨울 빛 묵상

응시

고요가 보이느냐

번뇌가 보이느냐

널 보며 나를 보는

어쩌나

나는 이렇게

날마다 흔들리는 것을

소나기

소리가 맺힌다

달콤한 꿈과

빗방울, 빗방울

커져가는 소리

물 발자국

추상

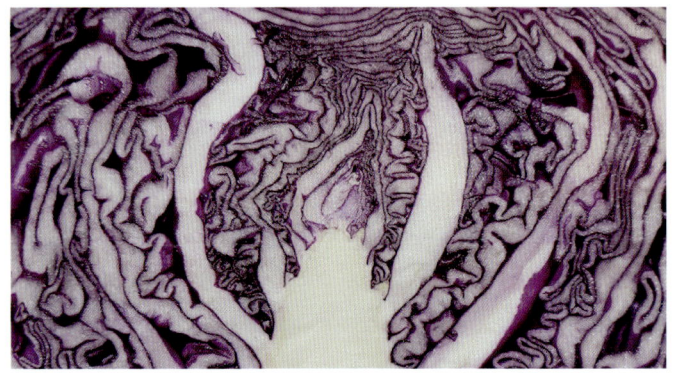

날마다 한 획씩

아무렇게나

만추

밤새 뒤척이던 무서리

새벽달 나왔네

붉디붉어 가지마다

그 마음 열였네

행복

어디에도 처방전 없다

등대

불빛

오직

저 불빛

윤슬

낮별

반짝이는 꿈

반짝이는 추억

반짝이는 우리

3부

헌다獻茶

헌다 獻茶

내 마음 담은

맑은 연두 빛 향기

영광

해가 떠오르는

모든 책이 떠오르는

한 송이 꽃

차향에 들어

번뇌 접고 나니

적요에 든 나

꿈

저 옷을 입고

저 꿈을 입고

오르내리는 그 길

이루기 쉽지 않던 위기감

몸의 시간

찢고

굽히고

늘리며

놀고 있는

생일

아내 남편

아이들

아들 며느리

웃음 출렁이는

불빛 가족

회상

형광등 고쳐주고 받아든

오렌지주스 한 잔

뼈 속에 간직한 평생의 맛

형광등 불빛 보면

입안에 침이 돈다

애기 불상

외진 곳

혼자 미소 짓는

푸른 부처

불의 솜씨

한 몸 되었다

가마 안에서

가마 밖에서

장안요

무명 석탑

쪽빛 모시

차향 기웃거리는

넘치는 시간

겨울 서사

축서사 내려앉은 눈

겨울 내내 정진 중

김장

뒷짐 지신 노신사

김치에 소금 많이 넣어라

혼자서

걸어서 가는 바다

수평선 당긴다

내 안에 든 바다

해맞이

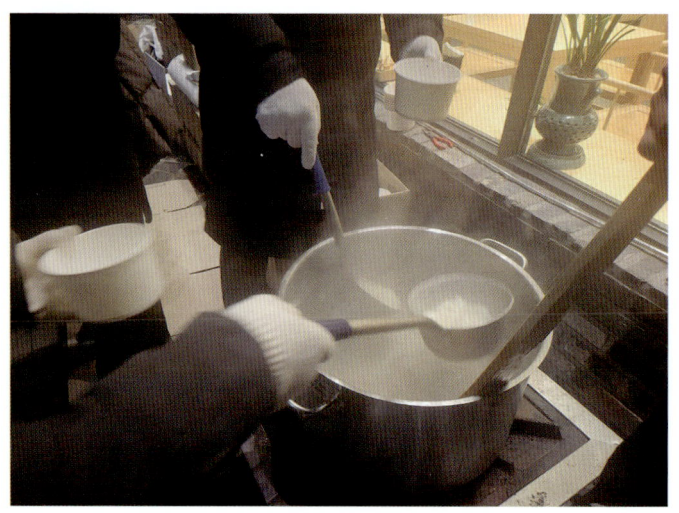

한 그릇 떡국

두 그릇 떡국

세 그릇 떡국

김발들이 모여

뜨겁게 솟는 계묘년

미명

송정이 온다

네가 온다

우린 이렇게 만난다

가사袈裟

욕심

번뇌

명예

부귀

내려놓은 허공

4부

기도祈禱

쿠무다

파도 소리

바람 소리

해수관음

햇살 설법 듣는 아침

은하사

댓돌 위 염불하는 흰 고무신

나의 열세 살 나의기도

나의 별

금강사

항아리에 담긴

바람

구름

햇볕

익어가는 가을

홍법사 허공맞이

차향 달빛에 얹어 놓고

발원문에 핀 연꽃

몸 낮춰 영혼 높이는

대원각사

하늘 숨소리 깃든 곳

장산 차밭 골

달빛이 끓인 차 솥

마음 따라 흐르는

칼금 차향

성주사

절 마당 지나가는 공허

축서사

그녀의 고통은 길게 새겨진

담벼락의 고뇌

다솔사

효당 스님 만든

반야로 차 맛

떠나온 뒤에도

따라와 내 몸 일으키네

삼광사

계단을 오르는

일만 마리 물고기 떼

수행, 정진행

혜성 스님

동자승

회갑 년에

대종사 되었다

중노릇 평생

걸어온 외길

길 없는 길

영가 요롱

범종소리 따라

목탁소리 바람소리

걸어가는 경계

죽로지실

초의를

세상에 알린 효당

지금도 서성거리며

짠 차를 드시네

출입금지

햇살

바람소리

계곡 물소리

모든 경전

기도

백팔 계단

백팔 염주

백팔 번뇌

보리수 아래

부처님 새벽 별

높은 곳

삼천 배 쉽게 하는 대덕심

스님 친견 좋아하는 대원행

설법 잘하는 보림정, 금연화

도자기 다도 문화를 밝혀준…

나의기도 속에 살고 있는 생

만장

푸른 하늘

목탁 소리

염불 소리 더 높다

피어라, 피어라

무엇으로든

□ 이경순 디카시 해설

구도의 언어, 고요한 응시의 미학

복효근 (시인)

 디지털카메라가 개발되고 스마트폰에 카메라 기능이 내장되어 보급되면서 누구나가 어디서나 사진을 찍는다. 예술 사진은 물론 기록을 위한 사진, 추억을 담기 위한 사진 등 다양한 의도로 사진을 찍는다. 이 디지털카메라로 시적인 장면을 포착해내고 여기에 짧은 언술로 그 영상에 담긴 시적 울림을 표현하는 디카시가 생겨났다.
 언어만으로 표현하기 어려운 부분을 사진이 담당하고 사진이 담고 있는 시적인 요소를 사유로 이끌어주는 짧은 언술이 결합한 형태다. 여기서 '결합'이라는 말은 단순한 물리적인 조합만을 의미하지 않는다. 사진과 언술이 비유의 관계에 놓이면서 그 둘이 독자의 뇌리에서 화학반응을 일으키게 만드는 고도의 미학적 융합이다. 이제 디카시는 언어로만 이루어진 시와는 또 다른 양식으로 자리를 잡게 되었다. 사진이라는 구체적인 시각적 효과의 도움을 받기 때문에 보이지 않는 사유의 세계를 드러내는 데 쉬운 점도 있어 빠른 속도로 대중화되어 생활예술로 자리를 잡게 되었다.

그렇다고 디카시가 쓰기 쉽다는 뜻은 아니다. 시적인 모티프를 포착한다는 것도 쉽지 않지만, 사진이 가진 이미지가 언술에 겹쳐 나타나지 않게 시적으로 드러낸다는 것은 더욱 어렵다. 다섯 줄 이내의 언술이어서 더욱 압축적인 언어사용으로 사유를 함축해야 하는 어려움도 있다.

생활예술이라 하지만 시만큼이나 깊고도 독특한 철학적, 미학적 울림을 담고 있는 본격 예술로 손색이 없는 디카시 작품들이 속출하고 있음을 본다. 이경순 시인의 이번 디카시집은 불교적 사유를 기본으로 한 빼어난 디카시의 전형을 선보이고 있다. 사진 자체로도 작품적 가치를 지녔지만, 여기에 촌철살인의 언술이 결합하여 울림과 여운이 오래 남는다. 불교적 명상의 세계로 이끄는 응시의 눈빛이 고요롭고 고즈넉하게, 따뜻하고 맑게 담겨있다.

다섯 줄을 넘지 않는 언술이라 했으나 이경순 시인의 이 언술은 매우 간결하게 응축되었다. 따라서 그 짧은 행간에 함축된 의미를 상상하고 추리하는 독자의 몫은 더욱 커진다. 언술 부분을 읽으며 사진을 거듭거듭 들여다보게 만들고 다시 언술 부분을 곱씹게 하는 전략이다.

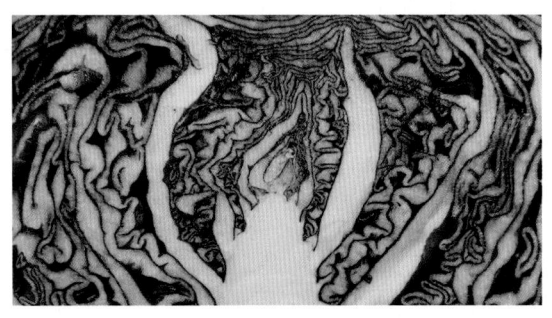

매일매일 한 획씩

아무렇게나

자연이 그려 놓은 명작

_「추상화」

붉은 양배추 단면을 두고 "매일매일 한 획씩 /아무렇게나/ 자연이 그려 놓은 명작"이라 하였다. "아무렇게나"라는 단어가 예사롭지 않다. 인간은 쪼고 닦고 색칠하고 덧붙이는 인위적인 조작을 통해 작품을 만들어낸다. 하지만 자연은 어떤가? 자연은 말 그대로 '스스로 그러한 것'이다. 작위적 조작이 아니고 무위의 '스스로 그러함'에 맡긴다. 노장철학과도 일맥상통한다. 자연이 그린 그림은 하루아침에 완성되지 않는다. 자연은 "매일매일 한 획씩" 서두르지 않고 그러나 건너뛰지 않고 그 항상성으로, 그 성실함으로 세상 만물을 빚어낸다. 아무렇게나 빚어놓은 것 같아도 자연 속에는 그래서 질서와 섭리가 자리하고 있는 것이다.

주부로서 늘 대하는 그저 식재료일 뿐인데도 순간 삶의 한 단면을 보아낸 것이다. 지, 수, 화, 풍이 빚어낸 오묘한 생명의 섭리와 아름다움이 섬광처럼 시인의 눈에 비쳤다. 우연한 발견이 아니라 시인의 평소 삶을 관통하는 세계관과 철학이 이 장면을 만난 것이라 해야 옳겠다.

햇살이 데워 놓은 골방
긴 아랫목

_「안인리」

 볕 잘 드는 시골 돌담길에 고양이 한 마리 앉아있는 풍경이다. 그림자가 없는 걸 보니 한낮이다. 돌담 아래, 그리고 돌담 사이 아직은 풀이 우북하게 자라지 않은 걸로 보아 봄철이겠다. 부드럽게 내리쬐는 이른 봄 햇살이 따습게 느껴진다. 허술하게 쌓인 돌담이 정겹다. 겨우 한 줄짜리 짧은 언술이지만 독자의 마음에 그려지는 풍경은 그렇게 짧지만은 않다. 저 돌담 끝엔 떠나온 고향 집이 있고 그 따뜻한 아랫목이 떠오른다. 물론 아궁이에 불을 지펴 구들장을 데워 놓은 어머니도 계실 것이다. 그 기억 아련하지만 포근하다.
 저 골목을 구들장이라 표현한 것에 또 주목한다. 살펴보니 돌담 사이 풀들도 자라고 풀꽃들도 피었을 것이다. 거기엔 작은 곤충도 살고 있을 것이다. 여러 생명과 저 고양이가 앉아있는 곳이 구들장 아랫목이겠다. 제목이 '안인리'다. 실제 지명이지 싶다. 어쩐지 편안할 안安 자를 쓰고 어질 인仁이거나 사람 인人을 쓸 것만 같다. 제목과 사진과 짧은 언술이 끌어내는 상상이 끝이 없다. 이것이 다카시의 매력은 아닐까?

저렇게 뜨거운 꽃이라며
한 다발씩 건네주고 싶은

_ 「안개꽃」

만두를 쪄내는 솥에서 김이 안개처럼 뿜어져 나온다. 시인은 그 뜨거운 김을 "뜨거운 꽃"이라 표현한다. 시인에게서만 가능한 표현이다. 뜨거운 꽃은 없다. 그러나 여기 순간 포착한 사진 속에 있다. 배가 고픈 사람에게 양식이 되거나 간식이 되거나 위로가 되는 만두라면 그것은 단순한 음식에 그치지 않는다. 사람의 마음까지를 뜨겁게 데워줄 영혼의 양식일 수 있는 것이다. 정지된 그림이지만 그걸 바라보는 독자의 눈엔 안개처럼 뿌연 김이 뭉게뭉게 솟아오르는 것으로 느껴진다. 채소만두, 고기만두 냄새도 함께 코에 전해져 오는 느낌이다. 그런데 그 꽃, 안개꽃을 "한 다발씩 안겨주고 싶다"라고 표현한다. 거래되는 상품이 아니라 마음이다. 상처받은 이에게 안겨주는 꽃다발이다. 코로나 시기를 지나오면서 주눅이 들고 상처받고 힘든 이가 한둘일까? 만두를 찾는 사람들 대부분 서민이다. 생각 같아서는 한 아름씩 안겨주고 싶을 것이다. 시가 따습다 못해 뜨겁다. 시인의 마음이 이렇게 사진과 비유적 언술에 함축되어 있음을 본다.

그 비린내 데리고

한평생 살았다

_「해탈」

  번뇌와 고뇌 잡념과 망상, 고통에서 벗어난 탈속의 경지를 해탈이라고 한다면 이 사진은 무언가 잘못되었다. 시적 언술 또한 뭔가 잘못된 것은 아닐까? 비린내 속에서 한평생 산 것이 무슨 해탈이란 말인가? 시인은 독자들에게 일부러 거꾸로 말한 것은 아닐까? 반어법일까? 시인의 시적 상상이 대부분 불교적 사유를 바탕으로 한 것에 비추어볼 때 이러한 시적 진술은 반어법이거나 잘못 말한 것은 아니다. 한평생 비린내 속에 살았다면 그것은 벗어나야 할 그 어떤 것이 아니다. 그 비린내가 밥을 먹여주었고 자식을 낳아 기르게 했고 교육을 시켰을 것이다. 거기서 옷이 나오고 거기서 집이 나왔을 것이다. 천직으로 알고 고맙게 감사하게 여기며 '여기가 극락이지'하는 생각 없이는 비린내 속에 못 살았을 것이다. 해탈이 고통을 벗어나 그 어떤 경지가 아니라 고통 그 자체이거나 고통을 내 몸처럼 받아들고 사는 것, 그래서 고통을 감사한 존재로 "데리고 사는 것"이 해탈인지도 모른다.

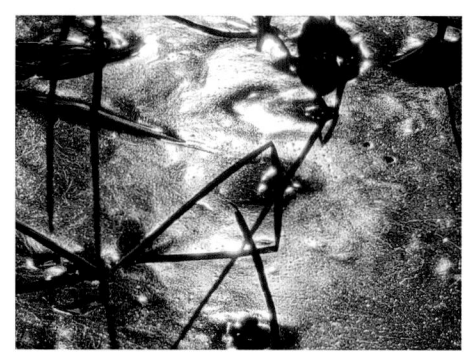

화려한 추억

상처 곳곳에서
환생 기다리는
겨울 빛 묵상

_「두구동 소류지」

 화려함도 이제 추억으로밖에 남지 않았다. 연꽃을 피웠던 나날, 벌이 날아들고 사람들 아름답다 예쁘다 탄성을 질렀겠다. 이제 추운 겨울 그 고운 연분홍빛도 자취 없다. 연꽃대도 부러져 쓰러지고 연잎도 물에 잠겨 얼음에 갇혔다. 연꽃을 피워냈던 연의 몸 곳곳에 상처다. 그러나 눈에 보이지 않지만, 저 얼음 아래 물속 흙

엔 굳건히 뿌리가 내려 또 한 생을 준비하고 있다. 그 뿌리 안엔 연년세세 꽃 피울 무궁한 시간이 내장되어 있을 것이다. 그러니 저 상처투성이 연잎의 죽음을 죽음이라 할 일이 아니다. 한 생이 끝나고 다음 생으로 이어지는 그 윤회의 고리를 지금 보고 있는 것이다. 불교적 세계관으로 쓴 시다. 혹은 그다음 생을 상상하지 않는다고 해도 얼음 얼은 그 상처투성이 연잎과 연꽃대도 실은 알고 보면 연꽃과 연잎의 후생 그 자체라 해도 무방하다. 굳이 이름 붙여 생물 무생물로 구분하고 죽음과 삶을 이름 붙여 구분하지만, 불교적 세계관에 비춰보면 그런 구분이 인간의 한갓 분별심에서 비롯된 것이다. 지수화풍이 인연 따라 모여 이런저런 모습으로 보이는 것이지 실은 실체가 있는 것도 없는 것도 아니라는 것色卽是空 空卽是色이 불교적 세계관이다.

고요가 보이느냐
번뇌가 보이느냐
널 보며 나를 보는

_「응시」

　시인은 고양이를 보고 있다. 고양이는 무엇인가를 골똘하게 응시하고 있다. 그리고 시인은 그 고양이를 보고 있는 자신을 보고 있다. 삼중의 '응시'다. 고양이는 그래서 시인 자신을 응시하는 도구다. 무언가 집중하여 살피는 그 내면까지 꿰뚫어 보겠다고 눈을 빛내고 있는 고양이는 시인 자신이다. 성찰의 눈이다. 시인의 눈은 깨달음을 향해 열려있는 눈이다. 시인이 쓴 시가 선의 화두처럼 모두 참선 활구라 하겠다. "너를 보면서 나를 보는"것이다. 대상이 아니라 대상을 통해 나를 보는 것이다. 비춰보는 것이다. 그래서 모든 사물이 거울이고 또한 나 자신이다. 내가 대상과 다르지 않다는 것을 알아간다. 거기서 삶을 배우고 죽음을 배우고 우주와 자연을 배운다. 시인은 응시하는 자이다.

아름다웠지

예뻤지

위험했지

_「저렇게」

　슬픔과 안도가 느껴지는 디카시다. 저 이슬을 머금고 막 피어나는 동백꽃처럼 아름다운, 예쁜, 빛나는 시절이 있었다. 젊은 날을 회상하는 것이다. 사진 속의 꽃은 생동감이 넘친다. 맺힌 물방울도 그 촉감도 온도도 전해질 것만 같다. 노란 꽃술은 꽃가루가 묻어날 것만 같고 꽃은 그 질감이 촉각으로 느껴질 것만 같다. 젊음이란 그런 것이다. 그런 것이었다. 그러나 과거의 이야기다. 누구도 젊음 속에만 머물 수는 없다. 과거형으로 진술하는 그 문장이 서글프다. 그러나 그 젊음 그 아름다움과 예쁨은 또 얼마나 위험한가? 아름다움에 비례하여 누군가를 위험하게 하고 자신도 꺾일 위험에 처할 수 있다. 아름다웠지만 지나가 버린 것에 대해 감사할 일이다. 지나가 버려서 더욱 아름답게 회상되는지도 모른다. 아무튼 다행이다. 서글픔과 회한과 안도가 느껴지는 동시에 생에 대한 긍정의 시선을 읽을 수 있다.

파도 소리 바람 소리
쿠무다 해수관음
햇살 설법 듣는 아침

_「쿠무다」

〈화엄경〉「보살명난품」에 이런 구절이 있다. "듣는 것만으로는 부처님의 가르침을 알 수 없다. 행하는 것, 그것이 도를 구하는, 진리를 구하는 진실한 모습이다". 이러한 진리를 구하는 수행처인 문화예술 사단법인 쿠쿠다(이사장 주석 스님)가 있다. 사진은 그곳의 하늘법당 안 명상센터의 해수 관음좌상이다. '쿠무다'는 산스크리트어로 '하얀 연꽃'이라는 말이며 진흙 속에서도 청정함을 잃지 않는 연꽃의 모습에서 교훈을 얻는다는 의미를 담고 있다.

시인은 '파도 소리/ 바람 소리'를 들으며 해가 서서히 몸의 기운을 데워주는 가운데 깊은 명상에 잠긴다. "눈을 감으면 혼을 일깨워주고 새로운 영감을 불어넣어주는 해수 관음의 말씀을 '설법'으로 듣는聞 수행을 하고 있다."라고 한다. 시인 구도의 자세를 표현한 디카시라 하겠다.

절 마당 지나가는 공허

_「성주사」

늦가을이다. 화분의 국화는 시들고 마당을 쓰는 거사님의 옷도 오늘 아침 한 겹 더 껴입었다. 코로나 시절이라 마스크도 잊지 않았다. 절 마당이야 늘 깨끗하기만 한데 노 거사님은 또 빗자루를 들고 낙엽 하나라도 머물지 못하게 깨끗하게 쓴다. 수행으로 알고 마음을 닦듯이 마당을 깨끗하게 쓰는 것이다. 곧 겨울이 올 것이다. 인생도 어느덧 황혼길에 접어든다. 무상하다. 쓸고 닦고 비운다 했지만, 연륜만 쌓이고 번뇌는 아직도 무성하다. 깨달음을 위한 마음이 간절할수록, 생이 무상하고 덧없다는 생각이 가끔 가슴을 훑고 간다. 공허하다. 노 거사님은 내일도 쓸 것이다. 눈이 오면 눈을 쓸 것이다. 티끌 하나 없는 그 자리를 공허함이 채우더라도 그 공허함과 하나가 될 때까지 쓸어야 함을 알고 있는 것이다. 그것이 수행이고 죽음까지도 그 수행의 일부라는 것을 알기 때문이다.

저렇게 혼자 미소 짓는 푸른 부처

_「애기불상」

법당이 아니다. 표고목을 기대어 놓은 느티나무 아래에 비바람 맞는 곳에 조그만 석불이 놓여있다. 섬세하게 조성해놓은 석불도 아니다. 합장을 하고 있는 모습이라는 것 말고는 투박하게 불상이라는 형태만 갖추고 있다. 뛰어난 장인의 솜씨로 보이지는 않는다. 그래서인지 햇볕이 잘 들지 않는 곳에 놓여있어 이끼가 옷처럼 불상을 둘렀다. 그러나 시인은 이 보잘것없는 석상에서 부처를 본다. 금장을 입힌 불상만이 아니다. 보관을 쓰고 법당에 높이 모셔진 부처만이 부처가 아니라 저렇게 버림받듯 한데에 놓인 석상에서도 부처를 보는 것이다.

맞다. 그가 진정 부처라면 저를 대하는 이들이 어떤 대우를 하더라도, 누가 뭐라고 해도, 어디에 있어도 부처는 그 '혼자' 스스로 부처이다. 제 몸을 이끼가 뿌리내리고 갉아먹어도 제 몸을 온통 다 내어주는 저 돌이 부처가 아닐 것인가? 한 덩이 돌에서 부처를 본다. 깨달음에 대해 생각한다. 보시에 대해 생각한다. 보이지 않는 깨달음의 미소를 한 덩이 돌에서 꺼낸다. 한데에 놓인 볼품 없는 불상을 찍어놓고 그의 깊은 사유와 철학을 펼쳐놓는다. 다카시의 힘이다.

어디에도 처방전 없는

_「행복」

 '행복'이라 제목을 걸어놓고 어디에도 처방전이 없단다. 그래놓고 법당 사진을 함께 결합해놓았다. 엎드려 절을 올리는 스님의 뒷모습만이 있을 뿐이다. 처방전도 없는데 무슨 기도고 수행이고 절이 있을 수 있단 말인가? 행복하기 위해 절하고 수행하고 기도하는 것 아닌가?

 여기에 시인의 불교적 철학과 세계관이 투영되어 있다. 불교는 신을 믿지 않는다. 누구 또는 그 무엇을 의지하지 않고 본래 자신에게 갖추어진 깨달음의 자리를 찾는 종교다. 의타 신앙이 아니다. 불상을, 부처를 숭

배한다고들 하지만 깨달음을 얻고 그 길을 일러준 분을 향한 존경의 표현이지 불상 그 자체를 믿는 것은 아니다. 불상을 통하여 위대한 스승 부처를 보고, 부처를 통해 부처의 세계를 바라보는 것뿐이다. 괴로움에서 건져주는 것도 부처가 아니다. 부처라면 내 안에 이미 자리하고 있는, 그렇지만 아직 발견해내지 못한 부처다. 그 부처를 찾아, 내가 부처임을 깨닫는 것이 공부고 수행이다. 그러니까 괴로운 것도 나고 그 괴로움에서 빛을 발견해내는 것도 나다. 그 어디에도 이 고통을 해결해줄 처방전은 없다. 그 처방전 없음을 깨닫는 것이 행복이라는 말이다.

스스로

만들며 가는

저 먼 길

꽃이겠지

꿈의 길이지

_「봄 길」

한 아이가 자전거를 처음 배워서 혼자 가는 연습을 하고 있다. 머리에 헬멧을 쓰고 안전 표식을 몸에 둘렀다. 아슬아슬하다. 처음엔 아빠가 자전거 뒤를 잡고 밀어주며 균형을 잡아주었을 것이다. 아이가 균형감각을 익히고 조금씩 혼자서 앞으로 나아갈 즈음 아빠는 자전거를 놓고 뒤따르기만 했을 것이다. 몇 번은 넘어졌을 것이나 그런 가운데 이제 혼자서 탈 수 있게 되었다. 이제 혼자서 나아가야 한다. "스스로 /만들며 가는 길/"이 인생이다. 누가 대신 살아줄 수 없다. 존재론적 진실이다. 누가 만들어준 행복은 행복이 아니다. 매 순간 묻고 답하며 스스로 인생을 닦아간다. "무소의 뿔처럼 혼자서 가라."는 법구경 말씀처럼. 그래야 한다. 스스로 닦아가는 그 길에서 꽃을 피우고 꿈을 꾸라는 축복의 메시지도 담겨있다. 이 엄연한 진실과 축원을 한 컷의 사진과 짧은 언술로 표현하고 있다.

몇 편의 작품을 무작위로 선정하여 살펴보았다. 사진 예술작품으로도 손색이 없는 영상에 매우 간략하게 압축한 언술이 곁들여져 한편 한 편의 빼어난 디카시를 빚어내었다. 한 줄을 넘기지 않은 짧은 언술로 된 작품이 많다. 그만큼 압축되어 있어 독자는 압축을 풀고 상상과 추리를 통하여 그 함축된 의미를 음미하여야 한다. 그러나 이경순 시인의 디카시는 과도하게 난해하지 않다. 사진이 제공하는 실마리를 따라가며 언술을 음미하고 다시 사진을 들여다보면, 독자는 어느덧 그 영상과 언어의 화학작용이 보여주는 철학적 사유에 가 닿게 된다. (시인_복효근)